www.tredition.de

AF202301

Sven Zottnick

Allerlei Zeilengehacktes mit Dessert

Gedichte

www.tredition.de

© 2020 Sven Zottnick

Verlag und Druck:
tredition GmbH, Halenreie 40-44, 22359 Hamburg

ISBN
Paperback: 978-3-347-19912-5
Hardcover: 978-3-347-19913-2
e-Book: 978-3-347-19914-9

Bibliografische Information der Deutschen Nationalbibliothek:
Die Deutsche Nationalbibliothek verzeichnet diese Publikation
in der Deutschen Nationalbibliografie; detaillierte bibliografi-
sche Daten sind im Internet über http://dnb.dnb.de abrufbar.

Gewidmet den üblichen Verdächtigen

Über den Autor

Sven Zottnick (Jahrgang 1986) lebt und arbeitet derzeit in der Region Stuttgart. Er studierte Chemie in Würzburg und promovierte dort im Jahr 2018 über eine Arbeit aus dem Bereich der Anorganischen Chemie. Seine wahre Leidenschaft gilt allerdings seit jeher Literatur und Sprache. Aus den schriftstellerischen Gehversuchen und Experimenten der letzten Jahre ist der vorliegende Gedichtband entstanden.

INHALT

I: Kleiner Gruß aus der Dichterküche

Der Dichter und der Koch

Der Dichter und der Koch

tragen beide jenes Joch:

sie teilen tiefe Leidenschaft

und widmen sich mit ganzer Kraft,

dem Filetieren und Frappieren,

dem Degustieren und Tranchieren,

dem radikalen Reduzieren

nebst gefälligem Garnieren.

Bei beiden gilt jedoch zum Schluss,

dass es dem Kunden schmecken muss.

Drum schließ' ich diese Zeilen mit

dem Wunsch zu gutem Appetit!

II: Appetithappen

Die Macht des Augenblicks

Ein kleines Wort,

ein Blick, ein Lächeln,

bringt Sonne ins Leben

eines jeden Menschen.

Und sei es nur

für einen kurzen Augenblick

voll tiefstem Glück,

so ist es dennoch Balsam,

für eine gepeinigte Seele.

Kleiner blauer Punkt

Wenn wir zu den Sternen gehen,

und uns sodann gen Erde drehen,

ist diese schlicht bei Licht besehen,

ein kleiner blauer Punkt.

Drum ist es sehr verwunderlich,

dass viele, ja auch du und ich,

so manches unverbesserlich,

mit Bedeutung überladen.

Die Arbeit wird oft aufgebauscht,

die Frau, der Mann, schnell ausgetauscht,

im Alltag nurmehr durchgerauscht,

aber warum eigentlich?

Denn wenn wir zu den Sternen gehen,

und uns sodann gen Erde drehen,

ist diese schlicht bei Licht besehen,

nur ein kleiner blauer Punkt.

Schön

Schön ist,

wie du dich bewegst.

Schön,

wie du dich schlafen legst.

Makellos,

ist dein Gesicht.

Makellos,

auch was du sprichst.

Traurig ist,

dass du nicht da bist.

Schön ist,

dass du zurückkommen wirst.

Die Unbekannte

Obwohl ich dich nur einmal sah,

stehst du doch deutlich vor mir.

Überraschende Zufriedenheit

macht sich in meinem Herzen breit.

Dich anzusehen macht mich glücklich,

deine Schönheit spendet Leben.

Doch nur für den Augenblick.

Kaum bemerkt, bist du schon wieder weg.

Regenwasserspeicherbau

„Regenwasserspeicherbau,"

sagte ich zu meiner Frau.

„Was ist mit diesem Wort gemeint?

Ist es das, wonach es scheint?"

Nun denk ich seit Tagen nach,

bin rastlos, selbst im Schlafgemach.

Ich werd' daraus einfach nicht schlau,

aus Regenwasserspeicherbau.

Zehnmal rief ich beim Duden an,

seit kurzem geh'n sie nicht mehr ran,

worum es ging, wisst ihr genau:

um Regenwasserspeicherbau.

Doch jetzt ist Schluss mit meinem Suchen,

denn meine Frau begann zu fluchen:

„Der juckt doch wirklich keine Sau,

dein Regenwasserspeicherbau!"

Erkenntnis

Dort ist sie,

meine Obsession.

Mein Antrieb

und mein Untergang.

Glühend schön

und doch so kalt,

verehrt und angebetet,

wie eine Göttin.

Hier sitzt sie

im Abendlicht,

zum Greifen nah,

doch für mich unerreichbar.

Du

Du

bist wie ein frischer Windhauch im Sommer.

Du

lässt mich den Himmel erahnen.

Du

machst dunkle Tage hell.

Du

versüßt den tristen Alltag.

Du

kannst Freude verbreiten, wo Trauer ist.

Du

machst mich unendlich glücklich.

Du

bist einfach wunderbar.

Du und ich

Du warst ich

und ich war du,

voller Liebe immerzu.

Ich war du

und du warst ich,

unzertrennlich.

Du warst ich

und ich war du,

einfach nur: juhu!

Ich war du

und du warst ich,

einzigartig.

Du bist du

und ich bin ich,

manchmal etwas weinerlich.

Ich bin ich

und du bist du,

gänzlich ohne Ruh.

Du bist du

und ich bin ich,

sehr zerbrechlich.

Ich bin ich

und du bist du,

du doofe Kuh.

Auf einem Pier in Torekov

Die Gischt

bricht sich gewaltig an den Felsen.

Wassertropfen

springen mir ins Gesicht.

Die Möwen

krächzen einen Choral der Freiheit.

Der Wind

tut seinen Teil dazu.

Weit draußen

blitzen weiße Segel.

Ich hole tief Luft und glaube,

die Freiheit riechen zu können.

Du bist weg

Ich schaue hinaus auf die Straße
und sehe dich nicht.

Ich schnuppere dein Shampoo,
aber ich rieche dich nicht.

Ich lausche in den kalten Regen,
doch ich höre dich nicht.

Ich rufe deinen Namen in die Welt,
aber du antwortest nicht.

Dann lausche ich in mein Herz hinein
und sehe, rieche, höre dich,
denn dort wirst du für immer sein.

Busfahrt in der Dämmerung

43: Die Fahrt zur Hölle.

Lärm, ein Meer von Gesichtern.

Gestank.

Kaukasische Zahnlücke grinst hämisch.

Atem pfeift durch die geteerten Lungen.

Traumjob Busfahrer.

Kleine Maden kreischen,

winden sich

schlingpflanzengleich durch den Bus.

Brut des Satans.

Der Drang zur Gewalt wächst.

Muss mich beherrschen.

Nur ein Platz frei.

Der schwitzige, fettleibige

Hardcore-Christ schmunzelt erwartungsvoll.

Sinnlose Wortfetzen

dringen in meinen Kopf

und durch ihn hindurch.

Wer wirft den ersten Stein?

Ich wünschte ich könnte es tun,

um diesem Wahnsinn ein Ende zu bereiten.

Das Haus am See

Wenn wildgeword'ne Winde wüten,

wenn ihn die Arbeit schmerzlich plagt,

wenn keiner da ist, ihn zu hüten,

wenn er in seinem Kern verzagt,

wenn seine Kräfte stetig schwinden,

hilft dies, ihm neuen Mut zu finden:

er kramt ein altes Bild hervor,

er hält es fest mit seinem Blick,

erinnert sich was er einst schwor

und an das unbestimmte Glück,

das er an diesem Ort empfand,

der hier auf Zelluloid gebannt,

ruhigen Atem stets verströmt

und tief verborgen unter Schnee,

ihn mit seiner Welt versöhnt,

jenes kleine Haus am See.

Wald bei Tylösand

Das Navigationsgerät

muss es wissen.

Darauf hoffen wir zumindest.

Denn wir stehen hier

im Wald bei Tylösand

und wundern uns darüber sehr.

Segen der Technik.

Dass wir nicht lachen!

Wir hätten wohl besser die Karte gelesen.

Glück im Unglück.

Der Akku war leer.

Wieder aufgeladen

zeigt uns das Navi endlich

den richtigen Weg nach Falkenberg.

Die Entscheidung

Die Qual

bestimmt wesentlich den Prozess der Findung.

Die Ungewissheit

vor den Folgen lässt uns zögern.

Die Angst

vor einer Niederlage hält uns ab.

Aber egal wie schwer sie auch sein mag,

sie muss letztlich einmal getroffen werden.

Ruhe

Wenn du

das Pfeifen des Windes hörst,

wenn du

fallende Schneeflocken bemerkst,

wenn du

dem Feuer im Kamin zusiehst,

wenn du

dem Klang der Nacht lauschst,

wenn du

einfach du selbst bist,

dann hast

du es geschafft,

dann hast

du sie gefunden,

dann willst

du sie nicht mehr loslassen,

deine innere Ruhe.

III: Schwere Kost

Septemberliebe

Der Herbst hält Einzug.

Nebelfelder umhüllen die

Wälder und tauchen die

Welt in schwaches Nass.

Die Tage werden trüber.

Dunkler. Kürzer. Schwärzer.

Die Nächte werden kälter.

Klarer. Länger. Einsam.

Doch ich finde die Liebe

auch in jenen Tagen.

Sie erhellt das Dunkel,

sie wärmt das Herz

und sie spendet Trost,

wenn die Verzweiflung zu groß wird.

Das leere Gedeck

Dein Platz am Tisch ist leer,

obgleich es uns wie gestern scheint,

dass du in unsrer Mitte strahltest,

von gütiger Genügsamkeit beseelt.

Sorgsam decken wir noch immer für dich ein,

da doch das ganze Haus erzählt,

im Flüstern der Gardinen,

im stummen Schein der Lampen

und in den auf Ewigkeit erstarrten Bildern,

dass du im Nu den Raum betrittst.

Doch wenn dann bis auf deinen,

alle Plätze voll belegt sind,

gesellt sich auch Begreifen an den Tisch,

angesichts des einsamen Gedecks,

das uns sogleich an dich erinnert.

Beschämt und unfähig zu äußern,

was tief im Herzen uns bewegt,

verweilen wir im Augenblick

und sehnen uns nach dir zurück.

Was dennoch tröstend uns begleitet,

ist deine Gegenwart in uns,

durch das was du uns mitgegeben hast

und die Momente, die für immer bleiben.

Denn dies ist wohl gewiss:

am Tisch in unseren Herzen

ist für dich stets ein Platz gedeckt,

so wie eh und je.

Der jähe Abschied

Du bist hinaus,

die Tür fiel ins Schloss,

dein Duft verbleibt noch kurz,

bis er dann auch verfliegt.

Mir ist ums Herz ganz schwer,

ein Stuhl dient als Halt,

stützt, tröstet, bleibt

am Ende aber still.

Bilder gehen nicht aus

meinem Kopf, alles trübt

sich ein. Ein Schleier

schiebt sich übers Leben.

Wie soll ich ohne dich

bestehen? Wohin soll

meine Reise gehen?

Du warst doch stets mein Ziel.

Was mich nun erfüllt ist

eine Leere, die ich

noch nie verspürt

habe - bis du gingst.

Du bist hinaus...

Portrait eines einsamen Menschen

Der Wind

bläst ihm die Haare ins Gesicht.

Sein Gang

ist schleppend und ohne Kraft.

Die Hände

vergräbt er tief in den Jackentaschen.

Sein Kopf

ist gesenkt und ohne Mut.

Menschen

ziehen an ihm vorbei wie Schatten.

Seine Augen

blicken nur kurz auf.

Sein Blick

ist stumpf.

Leute

die ihn im Vorbeigehen grüßen nimmt er kaum

wahr.

Seine Lippen

bleiben verschlossen.

Seine Zunge

ist leblos.

Schließlich

hält er für einen Moment inne,

richtet seinen Blick gen Himmel

ins gleißende Licht der Sonne

und er fragt sich, wie es kommen konnte,

dass er so wurde.

So kraftlos.

So mutlos.

So ziellos.

So leblos.

So einsam.

Am Strand

Ich habe mein Schloss auf Sand gebaut,

zwischen den Dünen - vor Wind geschützt.

Jahrelang hab ich stets darauf vertraut,

am Ende hat mir alles nichts genützt.

So mancher Sturm wurd' überstanden,

manch' schwere Stunde überlebt,

doch kam das Fundament abhanden,

sodass mein Schloss nicht sicher steht.

So kam es wie es kommen muss,

ein Wellenberg sprengt sicheren Ort,

wirkt reißend wie ein wilder Fluss,

und nimmt mein Schloss nun mit sich fort.

Tränenreise

Entsprungen aus Emotionen,

aus Freude und aus Schmerz,

aus Lachen wie aus Trauer,

trete ich langsam ins Licht, um mir

schlängelnd, tänzelnd, kriechend,

meinen Weg zu bahnen,

zum Ende eines lachenden

oder trauernden

Gesichtes.

Vermischt mit anderen

bilde ich nun einen Tropfen,

der schillernd zu Boden fällt,

um spurlos im Grund zu verschwinden.

Doch die Person, die mich geweint hat,

wird mich und meinen Ursprung nicht vergessen.

Auch wenn ich schon längst getrocknet bin.

Zeiten des Vergessens

Am Tag, wenn sich die Welt bewegt,

wenn jeder nur noch eilt,

kaum einen Augenblick verweilt,

wenn Alltagstrott den Kopf belegt,

wenn Zeit mäandert durch den Raum,

wenn sachte der Moment verweht,

und jeder seines Weges geht,

dann vermisse ich dich kaum.

Ein Schatten bist du, in Gedanken,

verblasst und endlich ausgewaschen,

der Bodensatz in Whiskyflaschen,

wie Träume, die im Glas versanken.

Doch wenn die Nacht das Land benetzt,

wenn Dunkelheit die Häuser schwärzt,

und manches Herz noch immer schmerzt,

bist du es, die sich zu mir setzt.

Ich fühle dich noch in den Kissen,

ich ahne dich im fahlen Lampenschein,

wie kann das nach dieser Zeit noch sein?

Ich hab doch so viel weggeschmissen.

Du strahlst des nachts in meinem Herzen,

bleibst stets ein kleiner Teil von mir,

wie ich vermutlich auch von dir,

ein schwacher Schimmer, wie von Kerzen.

Bis endlich dann der Tag beginnt,

mich Reize maßlos überfluten,

mit bösen Dingen und auch Guten,

und die Erinnerung verrinnt.

Auf dem Friedhof der Gefühle

In Gedanken versunken stehe ich bereit,

für unsere Liebe, die hier so kunstvoll verziert,

noch einmal für alle sichtbar aufgebahrt wird,

kurz vor dem allerletzten Geleit.

Ich lausche schweigend in mein Inneres hinein,

doch wo einst das Feuer hell und hoch loderte,

ist nur noch kalte Asche und ein wenig Glut,

die fast schüchtern und ohne Gefühl vergeht.

Unsere Blicke

treffen sich über dem,

was einst gewesen ist und verweilen

in vergangenen Momenten.

Ich spüre,

dass auch du die einstmals schönen Bilder,

mit Wehmut und Distanz tief in dir betrachtest.

Fast zeitgleich gehen wir einen Schritt zurück,

beobachten schweigend und regungslos

wie die heißen Gefühle,

die uns früher so innig verbanden,

für alle Zeit

in tröstend kühler Erde begraben werden.

Am Abgrund

Die Brücke ist morsch und

schon lange nicht mehr begangen worden.

Die tragenden Seile sind von

Kleinigkeiten ganz zerfressen.

Du stehst davor und weißt nicht,

wohin du als nächstes gehen sollst.

Vielleicht erwartet dich am Ende der Schlucht

ja das Rote?

Aber der Weg ist gefahrvoll und

eingerahmt von Schwarz.

Willst du dich darauf einlassen?

Du senkst den Blick angstvoll in die Tiefe

und siehst dort zu viel Grau und

feurigen Schmerz, der nach dir greift.

Am Ende der Brücke jedoch, erblickst du

einen grünen Schimmer, der dir Mut zuflüstert.

Langsam beschreitest du das erste Brett.

Doch schon jetzt wird dir kalt und

du hörst irdisches Gelächter um dich herum.

Du schließt die Augen und

klammerst dich an Altbewährtes.

Dein Ruf nach Hilfe schallt von den kargen

Felsklüften zurück und du weißt,

bei dieser Entscheidung

bin ich ganz

allein.

Schwere Gedanken

Grau. Schwarz.

Farben sagen mehr als Worte.

Regen, Dunst,

der Nebel erdrückt den Mann.

Er geht gebückt, mit hängenden

Schultern, hochgestelltem Mantelkragen,

Händen, die in tiefen Taschen versuchen

Halt zu finden.

Zwei Gesichter.

Zwei Wesen, zwei Seelen

in seiner Brust.

So viele Wege, so viele Gedanken,

was tun?

Sein Kopf schmerzt vom vielen Grübeln.

Die Niedergeschlagenheit gräbt sich

in seine Wangen.

Seine Augen wirken müde.

Die Nacht war zu kurz.

Er atmet gepresst.

Braucht Rat, findet keinen.

Er ist allein.

Das weiß er.

Nur er kann sein Leiden beenden.

Nur er kann sich selbst Ruhe geben.

Aber dazu muss er sich entscheiden.

Egal wie. Er muss einen Weg finden.

Bevor ihn die Umstände zu Grunde richten.

Liebeserklärung in die Ferne

Ich schreibe dir ein Lied

aus nie vernommenen Tönen,

das du nicht hören kannst.

Ich male dir ein Bild

in schillernden Farben,

das du nicht sehen kannst.

Ich baue dir eine Statue

aus unzerstörbaren Steinen,

die du nie ertasten wirst.

Und warum mache ich das?

Um dir zu beweisen wie sehr ich dich liebe.

Darum schreibe ich dir diese Zeilen,

die dich am anderen Ende der Welt erreichen

und dir zuflüstern, wie sehr du mir fehlst.

Düstere Tage

Manchmal gibt es graue Tage,

die das Gefühl erzeugen

und sei es nur vage,

dass man selbst ein Niemand sei.

Und aus Grau wird Schwarz

und aus Tagen werden Gedanken

und aus einem leisen Schmerz

wird ein lautes Wehklagen.

Aber wenn man an den Punkt gelangt,

an dem man glaubt, alles sei verloren,

dann gibt es da doch wieder helle Farben,

die sich in geliebten Menschen offenbaren.

Schlussendlich besiegt das Helle das Dunkel,

die Sonne scheint wieder und vertreibt

diese düsteren Tage.

Die Erde dreht sich

Die Erde dreht sich,

das lernt man in der Schule.

Menschen sind schwierig,

das zeigt das Leben.

Eine Gleichung ist lösbar,

ein Konflikt oftmals nicht.

Ein Computer ist Technik

ganz ohne Gefühl,

der Mensch der ist anders,

hat davon zu viel.

Ich wünschte, ich wäre

wie ein Vogel so frei,

und der Himmel stünde mir offen

mich in seiner Weite zu verlieren.

Die Erde sie dreht sich,

das ist gewiss,

doch dreh' ich mich mit ihr,

das weiß ich nicht.

Im Zoo

Müde

blicken Bärenaugen auf mich,

haften an mir, fragend.

Traurig

blicke ich in Bärenaugen,

tief hinein, wissend.

Ahnend

brummt der Leidgeprüfte

über viel zu engen Kerker.

Verdrängend

wende ich mich ab,

nicht ertragend Bärennot.

Verstehend

sprechen unsere Augen

ohne Worte über Schmerz.

Hilflos

verlasse ich den Zoo,

trauernd um einen einstmals Mächtigen.

Gedankenstrudel

Wo einst mein Herz gewesen ist,

herrscht Leere nun und Bitternis,

seit du von mir gegangen bist,

zurück bleibt Unverständnis.

Den Kopf hab ich stets hoch getragen,

nun sitzt er schräg auf meinem Kragen,

die Schultern hängen fad herab,

dem Tag geht jede Freude ab.

Wo ist nur unser Glück geblieben?

Verloren wir es jeden Tag?

Werden wir uns nochmals lieben?

Ob ich dir je vergeben mag?

Die Fragen fliegen wild umher

und machen mir das Leben schwer.

Ich hoffe sehr und will es glauben,

dass wir nochmal auf uns vertrauen.

Herbstgefühle

Herbstlaub fällt

in leisen Bahnen

zitternd auf den

Grund.

Ich küsse Dich

mit heißem Sehnen

liebevoll auf deinen

Mund.

Ich weiß die

Bäume werden wieder grünen,

bis wir uns endlich

wiedersehen.

Doch bevor ich dich

erneut in die Arme

schließen kann, musst du erst

von mir gehen.

Ein neuer Tag

Licht

flutet in leisen Wellen

durch den leeren Raum

und begrüßt mit sanftem

Kuss

den neuen Tag.

Ein weiterer Tag ohne

Dich.

Lange Stunden, bange Minuten

und endlose Sekunden

des verzweifelten

Wartens.

Der Tag deiner

Rückkehr

ist der Tag meiner

Wiedergeburt

als glücklicher Mensch.

Nur die

Liebe

zu dir hilft mir

diese Zeit zu überstehen.

Langsam quäle ich mich

in den unbequemen Alltag

und nur die Freude auf das

Wiedersehen

mit dir entlockt mir

für einen kurzen Moment ein

Lächeln.

Der dicke Dieter

Schwankend, schlenkernd,

schnaufend, walzend

schiebt sich Dieter

die Treppe hinauf.

Ächzend, stöhnend,

leidend, knarzend,

jammern schwer geplagte

Stufen über große Last.

Lachend, spottend,

grinsend, schimpfend,

zeigen Menschenwesen auf ihn,

sobald er sich nach draußen wagt.

Schluchzend, klagend,

weinend, fragend,

liegt er in einem kargen Raum,

zeternd über seinen kolossalen Körper.

Fluchend, grollend,

verachtend, hassend,

denkt er an die anderen Menschen

und ruft mit mächtiger Leibesfülle:

Was habe ich getan,

dass ihr mich hasst?

Ich bin doch einer von euch.

Ich bin doch auch nur

ein Mensch!

Berlin

Alte Menschen, hübsche Menschen,

hässliche Menschen, junge Menschen,

fröhliche Menschen, kleine Menschen,

große Menschen, traurige Menschen,

vereinigen sich zu einem

gigantischen Strom, der sich

reißend und wogend in die

Stadt der Städte ergießt.

Du wirst hinweggerissen

vom Fluss der Zeit,

getragen von Mitte nach Kreuzberg,

von Charlottenburg nach Neukölln,

von Spandau nach Pankow,

von Wedding nach Prenzlauer Berg

und das Ganze auch retour.

Unterwegs atmest du für einen

flüchtigen Moment Geschichte,

du erblickst die Siegessäule,

das altehrwürdige Brandenburger Tor,

den Reichstag, die Staatsoper,

und so vieles mehr.

Du wirst unruhig, die tausend

Farben, Geräusche, Gesichter,

verwirren dich immer mehr,

doch der unerbittliche Sog

der Stadt reißt dich mit.

Du suchst verzweifelt nach Ruhe,

nach einem Ort der Stille,

du verlangst nach Schlaf

doch

Berlin ist die Stadt, die keinen Stillstand kennt.

Berlin ist die Stadt, die niemals schläft.

Analogie

Manchmal

sind Männer keine Löwen,

sondern hilflose Schnecken.

Wo Stärke und Größe gefordert sind,

machen sie sich klein und

verkriechen sich in ihrem Schneckenhaus,

aus Angst vor sich selbst und ihren Gefühlen.

Wenn sie auf Schnelligkeit angewiesen sind,

bewegen sie sich betont langsam.

Mut und Kühnheit sind dann ihre

Eigenschaften leider nicht.

Manchmal

muss man sich selbst einen Ruck geben,

um das zu erreichen, was man sich vornimmt.

Manchmal

ist es nötig, die sicheren Gründe hinter sich

zu lassen und sein Heil in der Offenheit

zu suchen.

Für manchen ist dies aber nur sehr schwer

in die Tat umzusetzen.

Zu verlockend ist der Schutz,

den das Schneckenhaus ihm bietet.

Ein Sturm zieht auf

Von Süden zieht ein Sturm herauf,

peitscht wildes Wasser bis zum Mast hinauf;

der Kapitän ging schon von Bord,

trieb unter Wellenbergen fort.

Nun steht der erste Maat an Deck,

standhaft weicht er nicht vom Fleck.

Den Blick gen Horizont gewandt,

hoffend auf beruhigtes Land.

Die Wellen schlagen wütend zu,

entsetzt versucht die ganze Crew,

zu retten was zu retten ist,

umtost von geifernd grauer Gischt.

Als alles schon verloren scheint

und selbst der stärkste Seemann weint,

ist in der Ferne Licht zu sehen,

lässt Kräfte wieder auferstehen.

Noch einmal stemmt sich jeder Mann,

mit allem was er bieten kann,

dem schroffen Sturm entgegen,

jedoch - es bleibt vergebens.

Als sacht' der neue Tag beginnt,

mit nur noch abgeschwächtem Wind,

ist nichts zu seh'n von jenem Kahn,

den Neptun schließlich zu sich nahm.

Traum

Leider geht die Nacht zu Ende,
grad im Traum war ich bei dir.
Noch eben hielt ich deine Hände,
nun lieg ich alleine hier.

Mir tut es in der Seele weh,
dass ich dich nun nicht mehr seh,
auch nicht dich umarmen kann,
bin ein arg geschund'ner Mann.

Ich vermisse deine Wärme,
dein Lachen und auch dein Gelärme,
dein wunderschönes blondes Haar,
ach, ich vermiss dich ganz und gar.

Doch bald kommst du zu mir zurück,
du bist und bleibst mein großes Glück,
auf diese Zeit, da freu ich mich,
kurz und knapp: Ich liebe dich!

Zweifel

Das Eis ist gebrochen.

Ja sogar geschmolzen.

Manche Hürde hat er genommen,

manche Widrigkeit abgewendet.

Das Ziel ist nahe gekommen.

Ja sogar zum Greifen nah.

Und dennoch umweht ihn

ein Hauch von Zweifel.

Oder ist es ein Wirbelwind

von Ungewissheit?

Er weiß es noch nicht.

Nur eines ist sicher:

sie allein bestimmt den Ausgang

seiner Reise.

Der Sinnsucher

Bedächtig

setzt er einen Fuß vor den andern.

Die Augen

stur geradeaus gerichtet.

Er sieht nicht rechts und auch nicht links,

konzentriert sich nur

auf die Abdrücke im Boden.

Fliegen

landen in seinem Nacken, sein Bart kratzt.

Hitze

versucht ihn zu erdrücken.

Schweiß rinnt in langen Bahnen

seinen Rücken hinab, sein Hut sitzt schief.

Er ist erschöpft.

Das Ziel

niemals aus den Augen verlieren.

Nicht aufgeben.

Er strauchelt-

kann sich wieder fangen.

Schwer atmend

lehnt er an einem Baum.

Er fragt sich,

warum er diese Strapazen auf sich nimmt.

Er schmeckt und fühlt

schon das Scheitern.

Was versuche ich zu finden?

Er schreit es hinaus ins Nichts.

Dann sinkt er auf die Knie.

Zum ersten Mal

kommt sein Blick vom Weg ab,

verirrt sich

in einem kleinen Tümpel,

der von Schilf umwachsen ist.

Er blickt

auf die Wasseroberfläche und erkennt

im spiegelnden Licht

der Sonne

sich selbst.

Traurigkeit

Die aufgehende Sonne

überflutet das Land mit Licht

und die Welt erstahlt

im Glanze eines neuen Tages.

Doch ein Schatten legt

sich über das Idyll,

sein Herz, von schwerer Traurigkeit

ergriffen, wird plötzlich müde.

Eine namenlose Leere

macht sich in ihm breit.

Dunkelheit steigt auf und

er will ewig schlafen.

Bildbeschau

Beim Blick in seine eig'nen Augen
trifft ihn Verdrängtes wie ein Schlag,
sie wollen ihm den Glauben rauben,
an das was er im Leben tat.

Würd' dieser Junge auf dem Bild,
den Älteren im Kern verstehen?
Wär' er mit seinem Urteil mild,
nach allem was bislang geschehen?

Die jungen Augen, stechend blau,
gemahnen ihn an alte Träume,
sein Dasein heut' ist öd und grau,
ein leeres Herz statt volle Räume.

Der Ältere hält dem Blick nicht stand,
er wendet sich vom Jungen ab,
sucht Halt an einer weißen Wand,
und sinkt auf seine Knie herab.

Nach kurzem intensiven Fühlen,

beherrscht die Gleichmut sein Gemüt,

die Scham beginnt sich abzukühlen,

und die Erinnerung verblüht.

Frühmorgens in der Unterführung

Die Kälte der vergangenen Nacht

wohnt noch tief in seinen Knochen.

Bis zum Kinn in alte Decken eingehüllt,

sitzt er da und folgt mit leerem Blick,

dem steten Schreiten der Schwadronen,

die allmorgendlich, zu scheinbar

größerem berufen,

dem Götzen Arbeit huldigen.

Achtlos ziehen die Heerscharen vorüber.

Kaum ein Mensch bemerkt ihn,

sitzend an die Wand gelehnt

und wenn doch einmal ein Augenpaar

ihn unvorsichtig streift,

wendet der Besitzer derselben

seinen Blick in Sekundenschnelle

wieder nach vorn.

So windet sich der schier endlose Strom

von Schuhen, Sakkos und edlen Kostümen

dem Licht des herannahenden Tages entgegen.

Bis plötzlich, unverhofft,

eine junge Frau stehen bleibt,

ihn mustert,

eine funkelnde Münze sacht in seinen Hut legt

und ihm ein kurzes Lächeln schenkt,

bevor auch sie wieder in der Menge verblasst.

Er bleibt zurück,

noch immer unter dicken Decken kaum zu sehen,

doch mit einem seligen Schmunzeln

auf den zuvor erstarrten Lippen.

Mittwochabend in der Bar Nachtigall

Die Dunkelheit senkt sich

wie ein Leichentuch

auf die Stadt herab.

Flackernd erwachen Laternen,

werfen trübes Licht in Straßen und Gassen,

werden zu Rettungsinseln

vor der aufziehenden Schwärze.

Schwül und aufgeheizt

sind selbst die Abendstunden

und die Hitze findet ohne Nachsicht

einen Weg, in jeden noch so kleinen Winkel.

Ein Schwall feucht-warmer Luft

weht beim Öffnen der Tür herein,

vermengt sich unerbittlich

mit den Ausdünstungen

der trostlosen Gestalten,

die auf dem Boden ihrer Gläser,

verzweifelt das Vergessen suchen.

Zwei junge Männer stehen auf der Schwelle,

verharren in ihrer Bewegung,

abwechselnd gelb und grün

von Neonlicht illuminiert,

das unbarmherzig den Niedergang

des einst stolzen Lokals offenlegt.

Stumm suchen die Blicke der Männer

Zustimmung im jeweils anderen Gemüt,

behutsam weichen sie zurück,

darauf achtend, nicht von der Trostlosigkeit

des Ortes befallen zu werden.

Sie werden nur

von einem alten Mann bemerkt,

der sein Glas bedächtig und

voller Anmut leert.

Kurz blickt er

in Richtung der zufallenden Tür,

verlangt nach einem weiteren Getränk,

taucht wieder ein,

in das Meer aus Stimmen,

klirrenden Gläsern,

dem polyphonen Klang der Automaten,

verschwimmt mit Raum und Zeit,

wie auch dieser Augenblick.

An einem Mittwochabend

im Spätsommer

in der Bar Nachtigall.

Die Hitze der Nacht

Die Hitze des Tages

lässt meine Gedanken schwer werden,

sodass sie mich selbst

in der Kühle der Nacht erdrücken.

Ich liege stumm und

betrachte den Sternenhimmel.

Ich lausche und höre das Getöse

von Tieren in der Dunkelheit.

Ich möchte eins werden mit der Natur.

Doch nur für einen kurzen Moment

ist es mir vergönnt,

Teil dieses Ganzen zu sein.

Schon steigt wieder die Hitze auf

und mein Geist wird grausam

in seinen Körper zurückgedrängt.

Der Preisträger

Der Applaus brandet auf,

wogt durch das Auditorium

nach vorn zur Bühne,

bricht sich nur wenig

am Rednerpult und droht,

ihn ohne Nachsicht fortzuspülen.

Seine Finger klammern sich

haltsuchend an das Pult und

den Text seiner Rede, er hat

das starke Gefühl von Atemnot

und glaubt, in den Erwartungen

der Menge zu ertrinken.

An die folgenden Augenblicke,

fehlt ihm die Erinnerung.

Er taucht ab in seine Notizen,

rudert hilflos mit den Armen,

spürt wie die Kälte des Versagens

unerbittlich nach ihm greift.

Erst als sacht der Vorhang fällt,

das grelle Licht im Saal erlischt,

der laute Klang des gnadenlosen

Klatschens zu einem längst

vergessenen Flüstern wird

und sanfte Stille ihn umgibt,

hat er die Kraft, um loszulassen.

Sein Körper entspannt sich,

sein Geist ist wieder wach

und er holt tief und lange Luft,

als ob es das erste Mal wäre.

In den Katakomben der Sprache

Schon beim Hinuntersteigen

in die Katakomben der Sprache

bin ich wie elektrisiert von jenem

mannigfaltigen Vergessen,

das dieses Labyrinth der Worte

bis in den letzten Winkel bevölkert.

Die Flammen meiner Fackel

werfen flackernd fahles Licht

in jeden staubbelegten Raum

und erlauben so den Blick,

auf die versunkenen Schätze,

die hier zur ewigen Ruhe gebettet sind.

Am Eingang empfängt mich ein

vortrefflicher Brotgelehrter,

der mürrisch mein Begehren prüft

und mich auf einer Eselsbank

Platz nehmen lässt,

bis er sich entschließt,

mir Zutritt zu gewähren.

Ich schreite ehrfurchtsvoll voran,

vorbei an Mahlknechten, Ohrenbläsern

und so manchem Lotterbuben,

der hier im Schutz der Dunkelheit

den frevelhaften Edeldirnen nachstellt,

behufs des zügellosen Poussierens.

Im nächsten Raum werde ich eines

schwindsüchtigen Strauchdiebs gewahr,

der sorgsam seine Donnerbüchse reinigt

und mich im Vorbeigehen fragt,

ob ich den Kamelopard gesehen hätte,

den er schon seit Heumond jagt.

Die Zeit vergeht fürbass wie im Flug

und ich werde sodann von einem

sittsamen Seelenhirten ermahnt,

nicht länger in den Katakomben

zu verweilen, wie es sich für einen

gemeinen Gast wie mich geziemt.

Zögernd und wehmütig kehre ich

in unser Sprachgebäude zurück,

auf dem Rückweg hastig Begriffe notierend,

um möglichst viel der Weltweisheit,

die hier so verborgen ruht,

mit in unsere Welt zu retten.

IV: Leichte Zeilen zum Dessert

Tierische Vierzeiler (in ehrendem Gedenken an Robert Gernhardt)

Der Pinguin putzt seinen Frack,

besonders gründlich heute,

die Alte geht ihm auf den Sack,

nun sucht er neue Beute.

Der Igel spricht zur Igelin:

„Komm doch näher zu mir hin."

Diese findets gar nicht witzig,

denn ihr Gatte ist so spitzig.

Die Indische Gazelle,

ist beim Sex 'ne schnelle,

nur der Otter,

ist noch flotter.

„Wo ist denn Herr Ratte?"

„Der bleibt mal zu Hause.

Nach den Weibern, die er gestern hatte,

braucht er heut 'ne Pause."

Der Marder liegt in seinem Bau,

neben seiner treuen Frau.

Doch tief in den Gedanken drin,

wär er lieber bei der Wieselin.

Es schreit das Kapuzineräffchen:

„Hey Süße, wie wär's mit 'nem Käffchen?"

Doch die Dame regt sich kaum,

gibt's nur in des Äffchens Traum.

Probleme hat der Leopard,

schon lang mit seiner Rute,

denn die wird nur noch selten hart,

deshalb ist ihm ganz fad zumute.

Das Faultier, das ist gar nicht dumm,

liegt den ganzen Tag nur rum.

Es frisst, es pennt, es scheißt,

man weiß warum es Faultier heißt.

Das Nashorn das ist ziemlich voll,

trieb es wieder mal zu toll,

darum muss es kräftig leiden

und heut Nacht zu Hause bleiben.

Das Frettchen dieser kleine Wicht,

zu seiner Frau des Öfteren spricht:

"Frauchen geh, mach dich bereit,

es ist schon wieder Beischlaf-Zeit!"

Die Wildsau sitzt am Wegesrand,

ist pleite, völlig abgebrannt.

Nun muss sie Kapital erbringen

und deshalb Gossenschlager singen.

Wahres Glück

Den Plan vom Glück würd ich dir zeichnen,
doch mit welchen Dingen soll ich beginnen?
Was gilt es im Leben unbedingt zu erreichen?
Geld, Macht oder exotische Tänzerinnen?

Ferrari fahren und Schampus trinken,
mit vollen Hosen ist immer gut stinken;
Kohle im Sinn, die FDP als Partei,
feinster neoliberaler Einheitsbrei.

Wahres Glück, das will ich meinen,
bekommst du nicht mit großen Scheinen.
Auf Freundschaft, Lachen und Vertrauen
sollst du in deinem Leben bauen.

Denn eines müsste sicher sein,
wer Freunde hat, ist nie allein.

Zweisamkeit

Der Maulwurf sitzt im Mondenschein,

auf seinem Hügel ganz allein.

Einsam zählt er so die Sterne,

die da funkeln in der Ferne.

Wie schön es wäre, denkt er sich,

gäbe es da nicht bloß mich,

sondern jemanden zum Lachen,

zum Reden, Schmusen, Späße machen.

Und wie er da so sitzt und denkt,

den Blick stets himmelwärts gelenkt,

ist klar, dass es ihm schlicht entgeht,

wie unweit sich der Boden regt.

Erst als unter vielem Schnaufen,

immer größer wird der Haufen,

bemerkt der gramgebeugte Wicht,

dass sich was tut im fahlen Licht.

Zuerst die Nase - rosafarben,

dann die Schaufeln, gut zum Graben,

das Profil, jetzt klar zu sehen,

lässt keine Zweifel mehr bestehen.

Was dort hinaussteigt in die Nacht

und sich nun zeigt in ganzer Pracht,

es ist wie könnt' es anders sein,

ein junges Maulwurfweibelein.

Sie kommt nun auf den Maulwurf zu,

recht schnell ist man sodann beim Du

und wie die Stunden so vergehen,

ist neue Liebe am Entstehen.

Von da an sieht man zu später Stunde,

umschlungen auf dem Wiesengrunde,

den Maulwurf und die Maulwürfin,

gemeinsam um die Hügel zieh'n.

Was lernen wir aus diesen Zeilen?

Durchs Leben kann man besser eilen,

wenn es da einen Menschen gibt,

den man von ganzem Herzen liebt.

Die Liebe in den Zeiten von Tinder

Meike, Sina und Jeanette,

sind ja eigentlich ganz nett.

Doch Meike hat ein Raucherbein,

Sina ist mir viel zu klein,

und die fröhliche Jeanette

kann nicht mal das Alphabet.

Dörte, Lena und Marita,

kommen alle aus Salzgitter.

Das liegt nicht grade um die Ecke,

sondern ist 'ne ganze Strecke.

Nein, das ist mir doch zu viel,

drum auf zum nächsten Flirt-Profil.

Anja, Nina und Nicole,

finden leider mich nicht toll.

Anja bin ich viel zu kahl,

Nina mag mich nicht so schmal

und die neckische Nicole,

sagt, ich sei total der Proll.

Es muss doch irgendwo da draußen,

in Cottbus, Mannheim, Oberhausen,

ein Mädel geben das mich mag,

eins von ganz besond'rem Schlag,

mit der ich mich wie blind versteh,

wenn ich sie dereinst vor mir seh'.

Bislang fanden wir uns nicht,

doch ich denk auf lange Sicht,

wenn wir uns beide Mühe geben

und weiter teilen das Bestreben,

im echten Leben uns zu seh'n,

dann wird es einmal so gescheh'n.

Liebesreigen

Lirum larum dudeldei,

du mit mir und ich mit dir,

ganz alleine nur wir zwei,

an diesem Orte hier.

Larifari dideldum,

du um mich und ich um dich,

wir um uns und rund herum,

zusammen wunschlos glücklich.

Heissa hopsa tralala,

du liebst mich und ich lieb dich,

gemeinsam füreinander da,

die Liebe, sie wirkt ewiglich.

Hoffentlich.

Mäuse-Bekanntschaft

Es waren einst zwei Mäuse,

die hatten beide Läuse.

Der Junge kam von hüben,

das Mädchen kam von drüben,

auf einem Feld voll Rüben.

Als sie beim Arzt einst saßen,

ein paar Broschüren lasen,

bemerkten sie sich leise,

auf ganz besondere Weise,

durch zarte Augenreise.

Der Junge saß verschämt,

doch noch während er sich grämt,

nahm das Mädchen schnell,

ein jedes Sitzgestell

und schmiegt sich an sein Fell.

Der Mauser, ganz verlegen,

wagt kaum sich zu bewegen,

so schön fühlt sich das an,

mit ihr so filigran,

an seinem Körper dran.

Und die Läuse wie sie singen,

von einem Kopf zum anderen springen,

rennen, tanzen, Späße machen

und andere quietschfidele Sachen,

vor allem aber: herzhaft lachen.

Da kommt der Arzt behend herein,

besieht sich unter Lampenschein,

die Köpfe unserer beiden Mäuse,

bemerkt sofort die vielen Läuse,

nebst anderem Gekräuse.

Da hilft nur eines, nämlich waschen,

die Läuse damit überraschen,

gesagt, getan die Brause auf,

dazu dann mit viel Geschnauf,

noch etwas Shampoo obendrauf.

So gehen nun die beiden Mäuse,

glücklich ohne ihre Läuse,

Hand in Hand und frisch verliebt,

bis sich die Straße dann verbiegt,

man sie von weitem kaum noch sieht.

Eheprobleme

Achje liebe Margarethe,

ich mag doch keine Rote Beete,

das hab ich dir schon oft gesagt,

ich hab gezetert und geklagt,

und dennoch wird's mir aufgetischt

das ist doch einfach alles Mist.

Meine Güte Hilde,

du warst mal 'ne Wilde.

Einst hat es im Bett gekracht,

du hast alles mitgemacht.

Nun schau uns beide an,

ohne Feuer, kein Elan.

Veronika, Veronika,

du bist wieder mal nicht da.

Ich weiß, dass du ihn heimlich siehst,

dich regelmäßig mit ihm triffst.

Und ich sitz hier zu Haus allein,

zieh mir Schrott im Fernsehen rein.

Ist die Ehe nicht etwas wunderbares?

Verpasste Chance am Busbahnhof

Unsere Blicke haben sich,

unverhofft, ganz zufällig verfangen.

Du kommst näher,

ich bleibe stehen.

Gemeinsam warten wir.

Wir schauen zur Seite und auf den Boden,

verschämt, leicht schüchtern, unentschlossen.

Du lächelst mich an,

ich lächle zurück.

Gemeinsam strahlen wir.

Wir suchen nach den richtigen Worten,

zögerlich, etwas verkrampft.

Du sprichst mich an,

ich antworte dir.

Gemeinsam reden wir.

Wir malen uns die Zukunft aus,

lebhaft, überschwänglich, voller Liebe.

Du denkst an mich,

ich denk an dich.

Gemeinsam träumen wir.

Wir müssen in den Bus,

den Weg durch die Menge finden.

Du steigst vorne ein,

ich weiter hinten.

Jeder für sich.

Zu spät wird mir klar:

ich hab vergessen,

dich nach deiner Nummer zu fragen.

Einmal noch

Einmal noch dich sanft berühren,

einmal noch mich zart verführen,

noch einmal dich sacht entkleiden,

mich an deinem Anblick weiden,

einmal noch mit Wonne necken,

einmal noch dich köstlich schmecken,

noch einmal dich herzhaft spüren,

voll Liebe lüstern in dir rühren,

ich geb' es hier zu Protokoll,

Schokopudding find' ich toll!

Charakterbilder

Wäre er ein Land,

es müsst' im hohen Norden sein.

Wär' er hingegen eine Stadt,

wär diese eher ruhig und klein.

Wäre er ein Buch,

hätt' dieses mehr als eine Seite.

Wär' er stattdessen eine Bank,

so wäre jene ständig pleite.

Wär' er aber ein Getränk,

dann sicher kühles Weizenbier.

Das käm' mir grade ziemlich recht,

bei dieser Affenhitze hier.

Naturreservat bei Halmstad

Regungslos und vollkommen

überwältigt stehe ich

inmitten eines weiten Feldes.

Friedlich, wie die Kühe grasen,

weit entfernt zwei flinke Hasen.

Pferde schreiten frank und frei

würdevoll an mir vorbei.

Vor mir wogt die schroffe See,

über mir ein Pulk von Möwen,

hinter mir endlose Wälder,

unter mir saftig grünes Gras.

Felsen, Büsche, Sträucher,

Zäune, Bäche, Häuser,

alles in Eintracht verbunden,

zu einem Bild rustikaler Harmonie.

Ich habe mich in dich verliebt,

du raue Schönheit des Nordens.

Schweren Herzens drängt der Abschied,

doch ich werde dereinst zurückkehren,

um dir erneut die Ehre zu erweisen.

Heimat

Was für die Menschen Heimat ist,

das wollte schon Max Frisch erfahren.

Auch mich treibt diese Frage um,

taucht stetig auf, lässt mich nicht los,

nicht erst seit kurzem, schon seit Jahren.

Für manche ist sie schlicht ein Ort,

an den man sich oft gern erinnert,

ein Dorf, ein Land, ein Gipfelkreuz,

kann unser kleines Herz erwärmen,

sind wir auch schon lange fort.

Für andere sind es Momente,

die sie mit ihren Liebsten lebten,

am Weihnachtsbaum, beim Auswärtssieg,

bei ach so vielen Festen,

prägnanten und dezenten.

Für mich ist Heimat jedes Plätzle,

wo man auf's schönste schwäbisch schwätzt,

wo man in jedem Gastbetrieb

noch einen Teller Linsen kriegt,

mit handgeschabten Spätzle.

Farben des Frühlings

Grün

erstrahlen Ozeane von

auferstandenem, frischem Gras,

wie auch die Wälder,

nach langem Winterschlaf.

Blau

glitzert der Himmel

und nur wenige Wolken

veredeln diesen schönen

Frühlingstag.

Gelb

das gleißende Sonnenlicht,

das lebensspendend

die ganze Welt wach küsst

und zu neuen Taten ermuntert.

Und schließlich Rot,

die Liebe,

zu sehen bei Mensch

und auch bei Tier,

vor allem aber

die Liebe zwischen dir und mir.

Haiku mal drei

Eins:

So lebensspendend

wie Schatten in der Wüste

ist deine Güte.

Zwei:

Dein Lächeln wirkt wie

Sonne nach langem Regen

immer strahlend schön.

Drei:

Deine Liebe ist

wie ein Geschenk, auf das man

sein Leben lang hofft.

In einem Zug alles weggerüsselt (Liedtext)

Strophe 1:

Bodo ist ein Elefant,

ist in ganz Afrika bekannt,

er wandert durch den weiten Busch,

dabei bekommt er mächtig Durst,

drum sucht er sich ein Wasserloch,

erst zögert er, dann springt er doch.

Nun steht er im kühlen Nass,

die Krokodile werden blass,

er taucht den Rüssel weit hinein,

er holt tief Luft, dann saugt er ein,

am Ufer singt der Löwen-Chor,

einen Song, der geht ins Ohr:

In einem Zug alles weggerüsselt!

Mit Gewalt alles leergeschüsselt!

In einem Schwung alles einverleibt,

sodass am Ende nichts mehr übrig bleibt.

Strophe 2:

Der Hans, der ist ein Posaunist,

den man auf keinem Fest vermisst,

er ist grob zwei Meter groß,

ich pass' ihm dreimal in die Hos',

er trinkt sehr gern, am liebsten Bier,

schon ruft er laut „Los, feiern wir!".

Er setzt den Maßkrug an den Mund

und öffnet seinen breiten Schlund,

dann schaut er sich bedächtig um,

der Stammtisch der ist lang schon stumm,

nur Helga, die singt monoton,

diesen Song, ihr kennt ihn schon:

In einem Zug alles weggerüsselt!

Mit Gewalt alles leergeschüsselt!

In einem Schwung alles einverleibt,

sodass am Ende nichts mehr übrig bleibt.

Strophe 3:

Kalle ist Chemiestudent,

den jeder in der Szene kennt,

er nimmt Drogen Tag für Tag,

es gibt fast nichts, das er nicht mag,

heut freut er sich auf Kokain,

denn da steckt so viel Power drin.

Sorgsam zieht er eine Line,

die pfeift er sich sofort dann rein,

weil Kalle das noch lang nicht reicht,

wird noch mehr Pulver aufgedeicht

und alle Junkies stimmen fein,

in unser liebstes Lied mit ein:

In einem Zug alles weggerüsselt!

Mit Gewalt alles leergeschüsselt!

In einem Schwung alles einverleibt,

sodass am Ende nichts mehr übrig bleibt.

Strophe 4:

Die Sandra, die ist nymphoman,

das sieht man ihr so gar nicht an,

doch sie treibts mit jedem Typ,

manchmal sind sie auch zu dritt,

heute nimmt sie Eugen mit,

für einen kleinen Höllenritt.

Eins, zwei, drei – weg ist die Hos',

der kleine Eugen wird schnell groß,

Sandra setzt die Lippen an,

was sie wirklich super kann

und Eugen der summt sehr entspannt,

einen Song, der ist bekannt:

In einem Zug alles weggerüsselt!

Mit Gewalt alles leergeschüsselt!

In einem Schwung alles einverleibt,

sodass am Ende nichts mehr übrig bleibt.

Taktikspielerei

Hacke, Spitze, eins, zwei, drei,

auf der Außenbahn vorbei,

durch die Mitte voll Elan,

ein kurzer Querpass dann und wann,

Flügelwechsel, lange Bälle,

ein steiler Pass ganz auf die Schnelle,

zwischendurch braucht's Zauberei,

wie man's macht ist einerlei,

am Ende muss der Ball ins Tor.

Haiku mal drei Teil zwei

Eins:

Der Maulwurf mistet

seinen Maulwurfshügel stets

ohne Klagen aus.

Zwei:

Der Bischof, das ist

wohl ganz gewiss, schon öfters

vor die Kirche schiss.

Drei:

Der Storch ist schon ein

komischer Vogel, bringt den

Müllers noch ein Kind.

Chemieunterricht

Am Anfang steht das H,

dem folgt sogleich das He,

danach das leichte Li

und dann kommt schon das Be.

Es folgt das fünfte Element,

was mancher vielleicht kennt,

es ist wiederum ein B,

nur eben diesmal ohne e.

Zum Schluss des heut'gen Unterrichts,

geht's jetzt noch um das große C.

Wer nun nicht weiß wie's weitergeht,

der schaut daheim ins PSE.

Blattschuss

Seit Tagen pirsche ich mich

ohne Rast und Ruh',

unerbittlich an meine Beute heran.

Am Tag und in der Nacht

verfolge ich sie und schone

mich selbst dabei nicht.

Ziellos irre ich manchmal umher,

mal scheint die eine, dann die

andere Richtung von Erfolg gekrönt.

Oft drehe ich mich aber im Kreis.

Doch nach vielen Stunden gnadenloser Jagd,

steht es plötzlich vor mir in ganzer Pracht

und wird im Bruchteil von Sekunden,

auf glänzend weißes Papier niedergestreckt.

Achtsam zielen,

tief Luft holen,

ausatmen:

Peng!

Blattschuss!

Ist das Wort,

soll über diesen Zeilen stehen.

Erwachen

Getragen von sanften Winden

laufe ich einem Schwarm

von Vögeln hinterher,

hinein in Fluten von gleißendem Licht.

Um mich herum reckt sich Leben empor,

die Welt vibriert,

von neuem Tatendrang noch ganz befangen.

Ich bleibe stehen, atme

die Luft ein und meine,

die Freude riechen zu können.

Ein neues Jahr hat begonnen,

jetzt, da der Winter vergangen ist.

Und das Leben bahnt sich wieder seinen Weg.

Sommerabend

Lächelnd sinkt die Abendsonne

auf den weiten Fluss herab,

taucht das Ufer voller Wonne

in ein gelblich-rotes Matt.

Sachte tönen Abendlieder

von dem großen Vogel-Chor,

auf den frohen Wand'rer nieder,

der genüsslich spitzt sein Ohr.

Enten rauschen mit Geschnatter,

in das kühlend, frische Nass

und das Licht wird matt und matter,

bläulich-schwarz wirkt schon das Gras.

Der Wand'rer stopft zum guten Schluss

die alte Pfeife und genießt,

lässt hinter sich all den Verdruss,

wenn abends sanft der Tag zerfließt.

V: Alphabetisches Verzeichnis der Gedichte

VI: Dankesworte

Das Wort „Danke" wird im Alltag und gerade im geschäftlichen Umfeld derart häufig gebraucht, dass es schon beinahe obsolet wird. Schließlich gehört es zum sogenannten guten Ton, wird beiläufig an jedes elektronische Schreiben angehängt und meist auch nach Telefonkonferenzen ohne besondere Betonung in den digitalen Raum gesprochen. Letzten Endes verliert die mit dem Wort verbundene Wertschätzung so zunehmend an Bedeutung und geht im Selbstverständlichen unter.

Daher soll an dieser Stelle mit Nachdruck darauf hingewiesen sein, dass ich vielen Menschen ehrlichen und ernst gemeinten Dank für ihre andauernde Unterstützung und verständnisvolle Begleitung schulde. Mein Dank kommt von Herzen und richtet sich an:

Meine Familie.

Meine Freunde, insbesondere an *die üblichen Verdächtigen* sowie die *„alten"* und *„jungen" Würzburger.*

Meine Kollegen.

In der Trinkhalle meines Herzens ist für euch alle stets ein Tisch gedeckt.

Zeitfracht Medien GmbH
Ferdinand-Jühlke-Straße 7
99095 Erfurt, Deutschland
produktsicherheit@kolibri360.de